Connais-tu

Samuel de Champlain

Connais-tu

Samuel de **Champlain**

Textes : Johanne Ménard
Illustrations et bulles : Pierre Berthiaume

ÉDITIONS
MICHEL
QUINTIN

Catalogage avant publication de Bibliothèque et Archives nationales du Québec et Bibliothèque et Archives Canada

Ménard, Johanne, 1955-

   Samuel de Champlain

   (Connais-tu? ; 7)
   Pour enfants de 8 ans et plus.

   ISBN 978-2-89435-527-5

   1. Champlain, Samuel de, 1567-1635 - Ouvrages pour la jeunesse. 2. Explorateurs - Canada - Biographies - Ouvrages pour la jeunesse. 3. Explorateurs - France - Biographies - Ouvrages pour la jeunesse. 4. Canada - Découverte et exploration françaises - Ouvrages pour la jeunesse. 5. Canada - Histoire - Jusqu'à 1663 (Nouvelle-France) - Ouvrages pour la jeunesse. I. Berthiaume, Pierre, 1956- . II. Titre. III. Collection: Connais-tu? ; 7.

FC332.M46 2011   j971.01'13   C2011-941355-8

Collaboration spéciale : Maude Ménard-Dunn
Révision linguistique : Paul Lafrance
Conception graphique : Céline Forget
Infographie : Marie-Ève Boisvert

Patrimoine canadien   Canadian Heritage

La publication de cet ouvrage a été réalisée grâce au soutien financier du Conseil des Arts du Canada et de la SODEC.

De plus, les Éditions Michel Quintin reconnaissent l'aide financière du gouvernement du Canada par l'entremise du Fonds du livre du Canada pour leurs activités d'édition.

Gouvernement du Québec – Programme de crédit d'impôt pour l'édition de livres – Gestion SODEC

ISBN 978-2-89435-527-5
Dépôt légal –Bibliothèque et Archives nationales du Québec, 2011
     Bibliothèque et Archives Canada, 2011

© Copyright 2011

Éditions Michel Quintin
C.P. 340, Waterloo (Québec)
Canada J0E 2N0
Tél.:   450 539-3774
Téléc.: 450 539-4905
editionsmichelquintin.ca

11 - G A - 1

Imprimé au Canada

AUBERGE DU SANGLIER SALÉ

-Menu-

Sanglier salé
Potage au chou salé
Morue salée
Tourte au sel
Biscuits salés
Navet dans la saumure

Le sel est servi à volonté

Né à Brouage en France autour de 1570,
Samuel Champlain grandit sur les quais

de la petite place forte où le commerce du sel attire des navires venus de partout.

Samuel rêve de découvrir de nouveaux horizons.
Ce goût pour les grands voyages, il le tient de son
père, capitaine de marine.

Être navigateur est le plus beau des métiers, pense-t-il, un métier qui demande beaucoup de courage et de ténacité.

Samuel apprend la navigation et la cartographie. Son talent pour le dessin lui sera très précieux

pour raconter ce qu'il découvrira dans les contrées
fabuleuses qu'il explorera.

En 1595, Samuel s'engage dans l'armée royale. Comme maréchal des logis, il doit veiller au bien-être des troupes.

Puis, en 1598, Samuel a enfin la chance de
partir à l'aventure. Son oncle, surnommé le

« capitaine provençal », lui propose de s'embarquer à ses côtés pour les Antilles et le Mexique.

Le jeune homme s'exerce aux métiers de géographe et de pilote.

Fin observateur, Samuel tient un journal dans lequel il raconte et illustre ses découvertes fascinantes.

Quand Samuel retourne en France en 1601,
le roi Henri IV est impressionné par ses écrits.

Il le nomme géographe royal et lui donne le titre de sieur.

En 1603, le sieur de Champlain s'embarque
une fois de plus pour le Nouveau Monde.

Le but de ce voyage est de trouver le site idéal pour établir un comptoir de traite de fourrures et, pourquoi pas, découvrir un passage vers la Chine.

Le 27 mai 1603, les voyageurs débarquent à Tadoussac en plein milieu d'un grand festin qu'on appelle « tabagie ».

Les Montagnais, les Algonquins et les Etchemins célèbrent une récente victoire contre les Iroquois.

Champlain et Gravé du Pont, le chef de son expédition,
sont invités à « pétuner » avec les chefs amérindiens.

Autour du calumet de paix naîtra une alliance très importante.

Après avoir exploré le Saguenay, Champlain remonte le Saint-Laurent jusqu'aux rapides Saint-Louis. Ces eaux tumultueuses sur la rive sud de Montréal seront

plus tard nommées rapides de Lachine, en mémoire
de ceux qui croyaient trouver un passage vers l'Asie
en les franchissant.

Champlain est captivé par les grandes
connaissances des autochtones. Il cherche à
comprendre leur univers plutôt qu'à les juger et
il tente de s'adapter à leur mode de vie.

Samuel retourne en France à l'automne. Emballé par ce qu'il a vécu, il publie un livre intitulé

Des sauvages, qui fait mieux connaître les habitudes de vie des Amérindiens.

Dès l'année suivante, en 1604, Champlain reprend la mer. Cette fois, c'est avec Pierre Dugua de Mons qu'il s'embarque.

En mettant le cap sur la baie de Fundy, les navigateurs pensent trouver des mines et espèrent toujours découvrir une route vers la Chine.

Dans la baie, un petit groupe s'installe sur l'île
Sainte-Croix. On se hâte de construire des
bâtiments et d'ensemencer les champs.

Hélas ! l'hiver qui suit est long et très rude.
Sur 79 colons, 36 meurent du scorbut, à cause
du manque de légumes et de fruits.

L'année suivante, la petite colonie déménage à Port-Royal, un endroit qu'on juge plus clément.

La bourgade deviendra peu à peu le chef-lieu de l'Acadie.

De 1604 à 1607, Samuel de Champlain explore et dresse des cartes des côtes, du Cap-Breton à Cape Cod.

Il est toujours aussi fasciné par les peuples et les terres qu'il découvre.

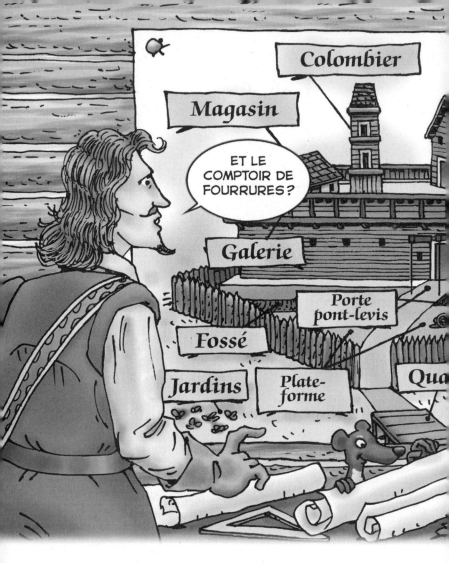

Puis, en 1608, Champlain repart vers le fleuve Saint-Laurent. On lui confie la mission d'établir un nouveau poste de traite de fourrures avec 30 colons.

40

Mais Samuel a dans l'idée de créer plus qu'un simple comptoir...

Le 3 juillet 1608, le sieur de Champlain trouve enfin le site parfait pour installer une nouvelle colonie. À cet endroit, le fleuve devient plus étroit.

Au pied d'un cap d'où l'on pourra surveiller les alentours se trouve une belle terre avec de grands arbres. C'est là que sera fondée la ville de Québec.

On se met aussitôt à l'œuvre pour construire
l'Habitation, un grand bâtiment qui servira à la fois

de magasin général et de logement au gouverneur général. La vie s'organise.

Le dur climat n'est pas le seul obstacle auquel doit faire face Champlain. Il réussit entre autres à déjouer un complot qui vise à le tuer pour voler

des marchandises. La tête du chef de la bande est exposée au bout d'une pique sur la palissade entourant l'Habitation.

Les années qui suivent, Champlain continue ses explorations. Il cherche encore le chemin vers la Chine et en profite au passage pour noter des sites

qui seraient intéressants à développer, entre autres l'emplacement futur de Montréal.

Pour garder ses alliés amérindiens qui connaissent si bien les routes à suivre, il accepte à différentes reprises de participer à des batailles contre les Iroquois.

Les arquebuses des hommes de Champlain facilitent parfois la victoire, mais feront des Iroquois les ennemis des Français pour longtemps.

En 1610, de retour en France pour l'hiver, Samuel de Champlain décide de se marier. Il épouse Hélène Boullé, fille du secrétaire de la chambre du roi.

Mais comme Hélène n'a que douze ans, il est entendu que les époux ne cohabiteront que deux ans plus tard.

Ce n'est finalement qu'en 1620 que la jeune fille accompagne le sieur de Champlain au Canada. À leur arrivée, ils trouvent l'Habitation bien délabrée.

Toujours aussi persévérant, Samuel répare le bâtiment avec ses hommes et entreprend la construction du fort Saint-Louis sur le promontoire.

La vie rude de la colonie déplaît à Hélène de Champlain. Dès 1624, elle retourne donc pour toujours en France.

Après la mort de son mari, elle deviendra religieuse et prendra le nom de sœur Hélène de Saint-Augustin.

Quant à Champlain, il consacre le reste de sa vie
à défendre les intérêts de la Nouvelle-France.
Ses efforts ne seront pas toujours récompensés.

Lorsqu'il meurt à Québec le jour de Noël 1635,
il ignore combien il deviendra célèbre.

Bien des aspects du sieur de Champlain restent mystérieux. Même son apparence physique n'est pas vraiment connue.

En fait, tous les portraits qui le représentent sont inspirés d'une peinture illustrant Michel Particelli, un homme qui a la réputation d'être un voleur !

Les témoignages de l'époque s'entendent cependant pour décrire Champlain comme un personnage plein de courage et de ténacité, respecté tant par

les colons que par les autochtones. Sa grande
persévérance nous a légué un héritage précieux.